BEI GRIN MACHT SICH IHR WISSEN BEZAHLT

AF135809

- Wir veröffentlichen Ihre Hausarbeit,
  Bachelor- und Masterarbeit

- Ihr eigenes eBook und Buch -
  weltweit in allen wichtigen Shops

- Verdienen Sie an jedem Verkauf

Jetzt bei www.GRIN.com hochladen und kostenlos publizieren

Zusammenhänge zwischen Lernen und Gedächtnis

Valentin Rübensal

Bibliografische Information der Deutschen Nationalbibliothek:

Die Deutsche Nationalbibliothek verzeichnet diese Publikation in der Deutschen Nationalbibliografie; detaillierte bibliografische Daten sind im Internet über http://dnb.d-nb.de abrufbar.

ISBN: 9783346399076
Dieses Buch ist auch als E-Book erhältlich.

© GRIN Publishing GmbH
Nymphenburger Straße 86
80636 München

Alle Rechte vorbehalten

Druck und Bindung: Books on Demand GmbH, Norderstedt Germany
Gedruckt auf säurefreiem Papier aus verantwortungsvollen Quellen

Das vorliegende Werk wurde sorgfältig erarbeitet. Dennoch übernehmen Autoren und Verlag für die Richtigkeit von Angaben, Hinweisen, Links und Ratschlägen sowie eventuelle Druckfehler keine Haftung.

Das Buch bei GRIN: https://www.grin.com/document/1009465

Einsendeaufgabe

**Modul-Sonderprüfung zur allgemeinen Psychologie –
Alternative A: Fragestellungen zu Lernen und Gedächtnis**

abgegeben am 26.02.2021 über den Online-Campus

SRH Fernhochschule

Modul: Allgemeine Psychologie (MALPSY)

Studiengang: Wirtschaftspsychologie, Leadership und Management M.Sc.

von

Valentin Rübensal

Inhaltsverzeichnis

Abbildungsverzeichnis 3

1. Einleitung...... 4

2. Aufgabe 1: Das Mehrspeichermodell von Atkinson & Shiffrin 5

3. Aufgabe 2: Die Bedeutung von Kognition im Lernprozess 11

4. Aufgabe 3: Die Unterscheidung von Kurz- und Langzeitgedächtnis 16

Literaturverzeichnis 19

Abbildungsverzeichnis

Abbildung 1: Das Mehrspeichermodell (Quelle: Jansen (2015), S. 75) 5

Abbildung 2: Ein Zeitstrahl zur Kategorisierung von Gedächtnisinhalten (Quelle: Gruber (2018), S. 2).. 16

1. Einleitung

Das menschliche Lernen ist nicht nur ein lebenslanger und kontinuierlicher Prozess[1], sondern darüber hinaus auch die Grundvoraussetzung für das Fortbestehen als Lebensform. Nur durch das Sammeln von Erfahrungen und die daraus resultierende Anpassung an seine Umwelt, ist ein Organismus überhaupt lebensfähig. Bereits Darwins Erkenntnisse zum Überleben des Stärksten ("survival of the fittest") bezogen sich nicht zwingend darauf, wer der Stärkste oder Größte war, sondern darauf, wer sich am besten in die ihm gegebenen äußeren Umstände einfügen konnte.[2]

Die menschliche Rasse als die kognitiv am höchsten entwickelte Lebensform hat im Laufe der Evolution durch diese Anpassung viele Fähigkeiten ausgebildet, die für Lebewesen der Erde einzigartig sind. Die menschliche Psyche und die damit verbundenen biochemischen Prozesse sind so komplex, dass es uns selbst kaum möglich ist, sie vollumfänglich zu erfassen. Dennoch gibt es in der Hirnforschung der letzten Jahrhunderte viele Meilensteine, die uns das Leben im Alltag mit uns selbst und Anderen erheblich erleichtern.

Diese Arbeit schneidet drei dieser Erkenntnisse an und beschreibt somit einige der Teilschritte und Bestandteile des Lernens. In Kapitel 2 wird der Verarbeitungsprozess anhand des Mehrspeichermodells von Atkinson und Shiffrin beleuchtet und aufgezeigt, wie wir unsere Gedächtnisleistung und dadurch auch alltägliche Situationen, wie ein Verkaufsgespräch, zu unseren Gunsten beeinflussen können. In Kapitel 3 wird die Lernform der Imitation erklärt und diskutiert, welche Rolle die Kognition der Menschen beim Lernen spielt. Es wird außerdem auf die Einsatzmöglichkeiten in der Prävention eingegangen. Abschließend werden in Kapitel 4 das Kurz- und das Langzeitgedächtnis unterschieden und in der Folge erläutert, wie durch diese Erkenntnisse nachhaltiges Lernen im Organisationskontext gefördert werden kann.

---

[1] u.a. Vgl. Urhahne/Dresel (2019), S. 126
[2] Vgl. Darwin (1876), S. 82 ff.; Vgl. Jansen (2015). Gedächtnis und Lernen, S. 13

2. Aufgabe 1: Das Mehrspeichermodell von Atkinson & Shiffrin

Es gibt unzählige Herangehensweisen an die Erforschung der menschlichen Psyche, doch alle haben eines gemeinsam: Sie versuchen dieses komplexe Thema möglichst übersichtlich und vereinfacht darzustellen. In jedem Fall kann nur ein Ausschnitt des gesamten Lern- und Gedächtnisprozesses gezeigt werden, der vom jeweiligen Forscher ausgewählte Aspekte aus einer bestimmten Perspektive beleuchtet und andere Faktoren ausblendet. Einer der gängigsten Ansätze zur Veranschaulichung eines Gedächtnisprozesses ist das Mehrspeichermodell von Richard Atkinson und Richard Shiffrin aus dem Jahr 1968.[3]

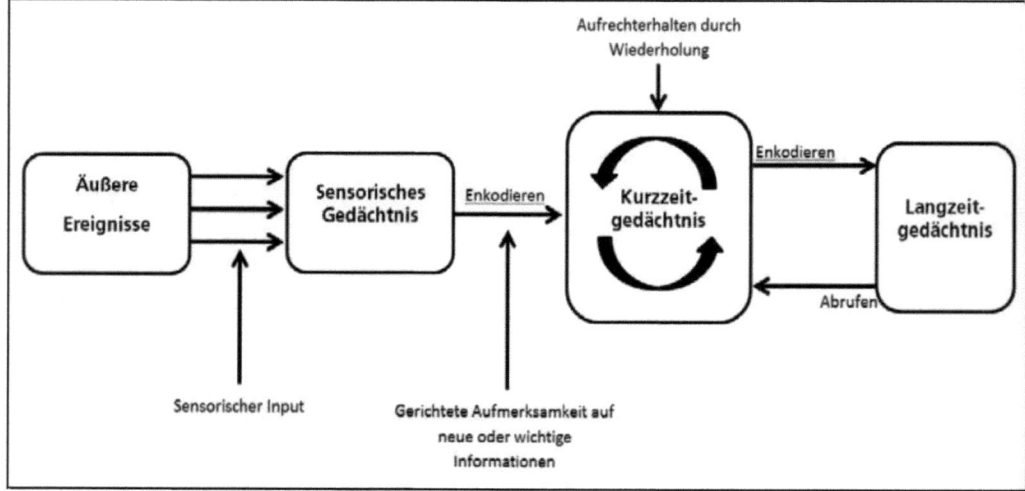

Abbildung 1: Das Mehrspeichermodell (Quelle: Jansen (2015), S. 75)

Wie in der Abbildung zu sehen ist, verläuft der Lernprozess in mehreren Stufen und die aufgenommene Information durchläuft viele Stationen, auf denen verschiedene Teilprozesse ablaufen, um den Input immer tiefer zu verarbeiten und letztlich anhand seiner Bedeutung für die Zukunft nutzbar zu machen.

Den Anfang bildet ein äußeres Ereignis, also ein Reiz aus der Umwelt. Aufgrund der selektiven Wahrnehmung[4], einer Art internen Filter, werden aus der Masse nur diejenigen Reize aufgenommen und verarbeitet, die gegenüber dem Rest dominieren

---

[3] im Folgenden Vgl. Jansen (2015). Lernen und Gedächtnis, S. 75 ff.; Vgl. Atkinson/Shiffrin (1968), S. 92 ff., insbesondere S. 92; Vgl. Gruber (2018), S. 4 ff.; Vgl. Strobach/Wendt (2019), S. 33 ff.; Vgl. Urhahne/Dresel (2019), S. 26 f.; Vgl. Hoffmann/Engelkamp (2017), S. 120 ff.

[4] Vgl. Jansen (2015). Wahrnehmung, S. 121; Vgl. Gruber (2018), S. 9 f.; Vgl. Strobach/Wendt (2019), S. 16 ff.; Vgl. Becker-Craus/Wendt (2017), S. 199 ff.

und für den Organismus Relevanz haben. Dieser wird über körpereigene, auf die Eigenschaft des Reizes angepasste Rezeptorzellen aufgenommen und intern über autochemische Prozesse, in Form von neuronalen Impulsen an das Gehirn weitergegeben.[5]

Der sensorische Input wird an das sensorische Gedächtnis – auch Ultrakurzzeitgedächtnis genannt – weitergeleitet. Dort erfolgt eine erste Kategorisierung aufgrund der oben bereits erwähnten, von den Sinnesorganen abhängigen Eigenschaft des Umweltreizes in auditive, visuelle, olfaktorische, gustatorische oder somatosensorische Informationen.[6]

Da die Aufbewahrung oder Verwendung der Informationen jedoch sehr kurzlebig ist, findet nun eine erste Enkodierung in das Kurzzeitgedächtnis, das heißt eine erste Informationseingabe, statt. Es ist darauf hinzuweisen, dass dieser Prozess eine Abspeicherung der externen Informationen anhand des internen sensorischen Codes beschreibt, während eine reine Kodierung lediglich die Verschlüsselung einer Information definiert.[7] Es gibt viele Studien über die Kapazität dieses Kurzzeitgedächtnisses, die zu dem Schluss kommen, dass eine Information hier auf einem zeitlichen Horizont von ungefähr 20 Sekunden erhalten werden kann. Quantitativ beschränkt sich die Informationsanzahl auf eine Menge von sieben plus minus zwei.[8] Die Informationen werden im Kurzzeitgedächtnis durch Wiederholung (Repetition) solange "festgehalten", bis sie entweder vergessen beziehungsweise gelöscht oder tiefer verarbeitet werden. Dabei ist vor allem ausschlaggebend, wie lange eine Information in dieser Schleife verweilt. Unwichtige Informationen werden aufgrund der beschränkten Kapazität vergessen beziehungsweise durch andere, neue Informationen ersetzt.[9]

Wird die Bedeutung einer Information als hoch eingeschätzt erfolgt eine zweite Enkodierung in das Langzeitgedächtnis. Diese Station dient der langfristigen Speicherung und dem späteren Abrufen derjenigen Informationen, die für wichtig erachtet werden. Dabei umfasst dieser Speicher neben reinem Wissen auch Fertigkeiten

---

[5] Vgl. Jansen (2015). Wahrnehmung, S. 9 ff.; Vgl. Becker-Craus/Wendt (2017), S. 31 ff.; Vgl. Urhahne/Dresel (2019), S. 87 ff.; Vgl. Boriss (2015), S. 65 ff.; Vgl. Jansen (2015). Lerner und Gedächtnis, S. 113 ff.

[6] Vgl. Jansen (2015). Wahrnehmung, S. 40

[7] Vgl. Gruber (2018), S. 6

[8] Vgl. Gruber (2018), S. 23 und 24 f.; Vgl. Jansen (2015). Lernen und Gedächtnis, S. 82 f.

[9] Vgl. Jansen (2015). Lernen und Gedächtnis, S. 79 ff.; Vgl. Gruber (2018), S. 9 ff.; Vgl. Strobach/Wendt (2019), S. 35 ff.; Vgl. Atkinson/Shiffrin (1968), S. 108 ff.; Vgl. Becker-Craus/Wendt (2017), S. 364 ff.; Vgl. Hoffmann/Engelkamp (2017), S. 124 ff.

und Erfahrungen, ist nahezu unbegrenzt aufnahmefähig und relativ zeitüberdauernd.[10] Das Abrufen aus dem Langzeitgedächtnis funktioniert, weil eintreffende Informationen anhand der Beschaffenheit und der Art der späteren Verwendung kategorisiert werden. Hier erfolgte eine Unterscheidung der expliziten Gedächtnisinhalte in Ereignisse oder Erfahrungen und Fakten oder Allgemeinwissen. Diese Episodischen und semantischen Inhalte werden dann soweit unterteilt, dass einfache Hinweisreize genügen, um die entsprechende Information wieder zu finden. Die enkodierten Inhalte werden zur Speicherung in ein Netz aus Assoziationen – also Verknüpfungen – eingebettet.[11] Durch Aktivierung des zugehörigen Hinweisreizes wird dann die benötigte Information abgerufen.[12]

Aufgrund der vielen Teilprozesse, die für aufeinanderfolgende, einzelne Umweltreize simultan ablaufen, und den unzähligen Einflussfaktoren auf die Qualität der Erinnerung, kommt es zu Gedächtnisfehlern, die dafür sorgen, dass Informationen falsch enkodiert werden und fehlerhaft oder überhaupt nicht mehr abgerufen werden können. Eine Erinnerung wird immer beeinflusst von den externen, äußeren Umständen, bei denen sie entstanden ist. Auch der interne, emotionale Zustand des Menschen ist nicht unerheblich. Zuletzt können persönliche Erinnerungen auch von außen beeinflusst werden, beispielsweise wenn durch äußere Reize bestimmte Bilder erzeugt werden und so das Gedächtnis manipuliert wird. Diese Möglichkeit zur Beeinflussung von anderen Menschen findet unter anderem im Bereich des Mentalismus und social Engineerings ihre Anwendung.[13]

Es kommt also neben den Fehlern bei der Verarbeitung auch zu subjektiven Verzerrungen der Gedächtnisinhalte, beispielsweise wenn Erinnerungslücken im Laufe der Zeit durch persönliche Vermutungen gefüllt werden. Ereignisse werden so modifiziert, dass Sie für den Menschen selbst plausibel und ertragbar sind. Unter anderem bilden Trauma-Patienten mitunter eine zweite, alternative Geschichte zu ihrer Vergangenheit, um besser damit leben zu können. Aber auch jeder Mensch ohne Gedächtnisstörung ist von diesem Fehlinformationseffekt in ähnlicher Weise betroffen.[14]

Des Weiteren treten bei der menschlichen Reproduktion – oder vielmehr Rekonstruktion – gedanklicher Inhalte auch sogenannte Quellenfehler auf. Dahinter verbergen sich

[10] Vgl. Jansen (2015). Lernen und Gedächtnis, S. 93 ff.; Vgl. Gruber (2018), S. 39 ff.; Vgl. Strobach/Wendt (2019), S. 37 ff.; Vgl. Atkinson/Shiffrin (1968), S. 117 ff.; Vgl. Becker-Craus/Wendt (2017), S. 370 ff.
[11] Vgl. Becker-Craus/Wendt (2017), S. 403
[12] Vgl. Jansen (2015). Lernen und Gedächtnis, S. 74 und 94 ff.; Vgl. Gruber (2018), S. 40; Vgl. Strobach/Wendt (2019), S. 37
[13] Vgl. Wong (2014); Vgl. Jansen (2015). Lernen und Gedächtnis, S. 97 ff.
[14] Vgl. Jansen (2015). Gedächtnis und Lernen, S. 107 f.

subjektive Gedächtnisinhalte, die als persönlich erlebte Erinnerungen abgespeichert werden, obwohl die Quellenattribution eine andere war. So kommt es dazu, dass fiktive Inhalte, wie die aus einem Film oder einer Geschichte, als real erlebt empfunden und wiedergegeben werden.

In beiden Fällen führt eine kognitive Fehlleitung dazu, dass der Erinnernde nicht auf die ursprünglich abgespeicherten Gedächtnisinformationen zugreifen kann und sozusagen von sich selbst beeinflusst wird.

Doch da wir als Menschen über dieses Wissen verfügen, steht es in unserer Macht, positiv auf den Gedächtnisprozess einzuwirken. Neben allgemeinem Training zur Verbesserung der Gehirnleistung durch geistige Forderung und Gehirnjogging gibt es viele Techniken, die uns helfen können, unsere Fähigkeit zum präzisen Erinnern weiterzuentwickeln und zu steigern.[15]

Eine dieser Methoden ist das elaborierte Wiederholen. Dabei werden die zu merkenden Items in eine Geschichte eingespeist, die dann als Träger der Informationen dient. Eine Geschichte ist dabei wesentlich einfacher zu merken, da sie die theoretischen Inhalte mit der Vorstellungskraft des Lernenden verbindet und dadurch Assoziationen herstellt. So könnten sich Schüler Fakten erheblich leichter einprägen, wenn sie die Daten in eine Geschichte einbetten würden, anstatt sie stur auswendig zu lernen.

Weitere Möglichkeiten zum verbesserten Lernen stellen das sogenannte Chunking, welches das Unterteilen des Lernstoffes in kleinere, besser zu verarbeitende Teile beschreibt, das Bilden von Hierarchien und Kontexten sowie verschiedene Mnemotechniken dar. Letzteres meint das Verbinden der zu lernenden Items mit Schlüsselbegriffen, wie etwa Orten auf einem Weg oder in einem Raum bei der Loci-Methode. Auch das Merken von Namen mithilfe von Bildern zählt hierzu. Lernt man jemanden mit dem Namen "Wolfgang Fuchs" kennen, so fällt es einem wesentlich leichter, sich diesen Namen zu merken, wenn man ihn mit dem Bild eines Wolfes, der zu einem Fuchs geht, verbindet. Die Technik, Worte mit Schlüsselbegriffen zu verbinden findet sich außerdem in jeglichen Merksätzen. "Mein Vater erklärt mir jeden Sonntag unseren Nachthimmel" ist beispielsweise ein sehr verbreiteter Merksatz für die Planeten unseres Sonnensystems. Wird ein Lerninhalt gemäß des "Chunkings" in kleinere Teile unterteilt, nennt man die schrittweise Annäherung an das angestrebte Ergebnis Shaping. Werden diese Teilhandlungen aneinandergereiht, spricht man vom Chaining.[16]

---

[15] im Folgenden: Vgl. Jansen (2015). Gedächtnis und Lernen, S. 83 ff.; Vgl. Becker-Craus/Wendt (2017), S. 399 ff.; Vgl. Bak (2019), S. 26 f.
[16] Vgl. Jansen (2015). Gedächtnis und Lernen, S. 39 f.

Bei jeglichen Formen des Wiederholungslernen wird das Behalten der Gedächtnisinhalte außerdem durch das verteilte Üben exponentiell erhöht. Lerninhalte sollten nicht einfach nur regelmäßig wiederholt werden, die Abstände zwischen diesen Wiederholungsintervallen sollten mit der Zeit auch immer größer werden, um die Verankerung der Erinnerungen im Langzeitgedächtnis möglichst zu vertiefen.

Doch die Lernforschung hat noch viele andere Wege hervorgebracht, um unsere Gedächtnisleistung zu steigern. Eine davon ist das soziale Lernen, wonach Gedächtnisinhalte wesentlich besser verarbeitet werden, wenn sie in einem sozialen Kontext, das heißt in der Interaktion mit anderen Menschen, entstehen. Dieser Effekt wird vor allem bewusst, wenn man Kinder in einer Betreuungsgruppe beobachtet, die voneinander lernen und generell eine sehr positive Atmosphäre schaffen, in der es erleichtert wird, Dinge zu lernen.[17]

Bei spielenden Kindern wird außerdem klar, dass auch die Bewegung und körperliche Aktivität zur Steigerung der Gedächtnisleistung beiträgt.[18] Zudem wirkt sich auch das praktische Anwenden expliziter Gedächtnisinhalte positiv auf das Erinnern aus. Die Form des angewandten, informellen Lernens zeigt sich, wenn wir zuvor theoretisch gelerntes Wissen auf Praxisfälle anwenden sollen. In diesem Transfer liegt oft sogar die größte Hürde, aber auch der größte Gewinn.[19] Zuletzt hat die Forschung auch gezeigt, dass gedankliche Verbindungen besser gebildet werden können, wenn der Lernende von sich aus mit Eigeninitiative handelt. Von außen aufgedrängtes, erzwungenes Lernen ist weniger effektiv, als intrinsisch motiviertes. Das Handlungsmotiv spielt demnach auch eine sehr große Rolle bei dem Grad der Verarbeitung.[20]

All diese Erkenntnisse sollten nicht ungenutzt bleiben, wenn wir alltägliche Situationen meistern wollen. Sie können unter anderem in einem Verkaufsgespräch von großem Nutzen sein. Der Austausch von Produkten oder Dienstleistungen und einer Gegenleistung beruht im Allgemeinen auf Vertrauen und ist immer vom subjektiven, emotionalen Wahrnehmen des Käufers abhängig. Die Marktforschung weiß schon lange, dass Kunden in einem ruhigen, positiven Gemütszustand sein und mit Bildern und Geschichten angesprochen werden sollten, um Verkäufe zu erzielen. Die Ratio des Käufers ist zu großen Teilen inaktiv und es laufen viele kognitive, unbewusste und automatische Prozesse bei der Betrachtung von Werbung oder dem Folgen eines Verkaufsgespräches ab, die man als Verkäufer nicht missachten sollte. Um die oben

---

[17] Vgl. Bak (2019), S. 41 f.; Vgl. Urhahne/Dresel (2019), S. 422 ff.
[18] Vgl. Boriss (2015), S. 89 ff.
[19] Vgl. Urhahne/Dresel (2019), S. 126 ff.
[20] Vgl. Urhahne/Dresel (2019), S. 68 ff.

genannten Lerntechniken möglichst zu Gunsten des zu vertreibenden Produktes zu nutzen, sollte die Bedeutung des Produktes heraufgestuft werden, um ein intrinsisches Kaufmotiv beim Käufer zu wecken. Durch viele gezielte Fragen und geschickte Leitung des Gesprächs kann der Kunde dazu gebracht werden, von selbst zu erkennen, dass das beworbene Produkt sein Problem lösen kann. Wichtige Fakten und Argumente sollten ausreichend wiederholt werden, um sicherzustellen, dass sich der potentielle Kunde auch nach dem Gespräch oder bei der Preisverhandlung noch an diese erinnert.[21]

Im Allgemeinen geht es für den Verkäufer darum, die richtigen Assoziationen beim Käufer zu wecken und den Kunden nicht zu überzeugen, sondern ihn dazu zu bringen, sich selbst zu überzeugen. Da dabei auf sehr viele Dinge gleichzeitig geachtet werden muss und die menschliche Psyche so komplex ist, ist das Verkaufen nach wie vor eine Fähigkeit, die vielen Menschen schwerfällt und die sehr viel Übung verlangt.

---

[21] u.a. Vgl. Esters (2018), S. 209

3. Aufgabe 2: Die Bedeutung von Kognition im Lernprozess

Das biologische Lernen ist ein von Grund auf intuitiver Prozess. Jede Lebensform, die sich im Laufe der Evolution erhalten hat, ist gezwungen, sich permanent an seine Umwelt anzupassen, um nicht auszusterben.[22] Dennoch hat sich durch jahrelange Forschung gezeigt, dass Menschen in ihrem Verhalten nicht – wie vor allem im Behaviorismus vertreten – ausschließlich auf äußere Reize reagieren, sondern vielmehr von sich heraus handeln.[23] Das Bewusstsein des Lebewesens hat großen Einfluss darauf, wie es sich in Bezug auf einen vorgegebenen Umweltreiz verhält. Beim Problemlösen und Entscheiden greift der Organismus also auch auf Erfahrungen und Erinnerungen aus der Vergangenheit zurück und entwickelt so wesentlich schneller zielführende Handlungsstrategien.[24]

So geschieht es, dass durch das Ausschließen von Lösungsansätzen scheinbar plötzlich Antworten auf die Fragen gefunden werden, die einem begegnen. Zudem können einmal erfolgreich gelernte Lösungen immer wieder repliziert und auf andere Aufgabenstellungen transferiert werden. Dieses Lernen durch Einsicht geht über eine reine Reiz-Reaktion-Kopplung, wie bei einer Konditionierung, weit hinaus. Selbiges gilt für das mentale Anfertigen von kognitiven Landkarten. Dabei wird ein Raum oder ein Kontext im Kopf repräsentativ abgespeichert, um ihn später für das erneute Bewältigen wiederherzustellen. Durch die Erkenntnis, dass viele Lebewesen über diese Fähigkeit verfügen, wurde bewiesen, dass eine reine Konditionierung auf einen bestimmten Reiz den Lernprozess nicht vollständig abbildet.[25]

Die oben erwähnten Erfahrungen werden im Laufe des Lebens durch verschiedene Ereignisse gesammelt und über kognitive Gedächtnisprozesse für die Zukunft abgespeichert. Dabei entsteht ein großer Teil unseres Wissensschatzes durch die Imitation beziehungsweise das sogenannte Modell-Lernen.[26]

Doch um über diese Form des Lernens zu diskutieren muss vorher der Begriff "Lernen" definiert werden. Im Allgemeinen wird darunter ein Prozess verstanden, der auf Erfahrung gründet und eine relativ stabile Veränderung oder zumindest des Verhaltenspotentials führt. Im Grunde meint dies, dass durch einen Input der Erfahrungsschatz des Individuums verändert oder erweitert wird und daraus ein

---

[22] Vgl. Darwin (1876), S. 82 ff.
[23] Vgl. Jansen (2015). Gedächtnis und Lernen, S. 57
[24] Vgl. Becker-Craus/Wendt (2017), S. 223 ff. und 451 ff.
[25] Vgl. Jansen (2015). Gedächtnis und Lernen, S. 59; Vgl. Becker-Craus/Wendt (2017), S. 335 ff.
[26] im Folgenden u.a.: Vgl. Jansen (2015). Gedächtnis und Lernen, S. 57 ff.; Vgl. Strobach/Wendt (2019), S. 30 f.; Vgl. Becker-Craus/Wendt (2017), S. 341 ff.; Vgl. Urhahne/Dresel (2019), S. 16 ff.; Vgl. Bak (2019), S. 38 ff.

potentielles Handeln erfolgt. Dabei wird unter einer relativ stabilen Veränderung verstanden, dass das Verhalten über eine bestimmte Zeit zuverlässig gezeigt wird und nicht nur rein zufällig.[27]

Das oben genannte Modell-Lernen ist eine Form des sozialen Lernens, bei der man die Information über eine erfolgreiche Verhaltensweise nicht durch persönliche Erfahrung, sondern durch Beobachtung erfährt. Das Handeln eines Modells und die daraus folgenden Konsequenzen werden betrachtet und gegebenenfalls imitiert beziehungsweise nachgeahmt. Jedoch ist diese Form des Lernens sehr stark abhängig von dem jeweiligen Modell, der Beziehung zu ihm und auch der oben genannten Kognition des Individuums selbst. Zuerst muss der Nachahmende sich mit dem Vorbild hinsichtlich der Eigenschaften und Werte identifizieren können und muss dieses als beliebt ansehen sowie respektieren. Dann muss das gezeigte Verhalten eindeutig sichtbar sein und es muss wahrgenommen werden, dass durch eben dieses Verhalten eine bestimmte Konsequenz erfolgt. Es muss also ein Zusammenhang gesehen und bewusst verstanden werden. Gerade hier ist es für den Lernenden ausschlaggebend, sich in die Lage des Anderen zu versetzen und die Perspektive zu wechseln. Zuletzt muss das Verhalten dem Beobachter möglich sein und er muss für die Betrachtung belohnt werden, beispielsweise durch eine erfolgreiche Imitation.[28]

Um nachzuvollziehen, wie es zu einer Imitation kommt, müssen demnach vier basale Prozesse erfolgen:[29]

- Aufmerksamkeitsprozesse: Ein lernendes Individuum wird allein durch die Anwesenheit eines Modells aufmerksam und nimmt die Handlungen des Vorbildes als interessant wahr.
- Gedächtnisprozesse: Der Lernende speichert die Verhaltensweisen und Konsequenzen des Vorbildes ab, um sie später abzurufen oder zu transferieren.
- Motorische Reproduktionsprozesse: Das beobachtete Verhalten wird angewandt oder abgewandelt.
- Anreiz- und Motivationsprozesse: Das nachgeahmte Verhalten wird belohnt, wodurch auch das Beobachten selbst als erfolgreich abgespeichert wird. Der Erfahrungsschatz des Individuums wurde durch den externen Input erweitert.

Bei der Imitation von Verhaltensweisen gibt es verschiedene Stadien, die davor abhängig sind, inwieweit das Verhalten kopiert wird. Eine echte Imitation liegt vor, wenn

---

[27] Vgl. Jansen (2015). Gedächtnis und Lernen, S. 11 f.; Vgl. Becker-Craus/Wendt (2017), S. 293 Vgl. Urhahne/Dresel (2019), S. 4 f.
[28] Vgl. Jansen (2015). Gedächtnis und Lernen, S. 60 ff., S. 63
[29] Vgl. Jansen (2015). Gedächtnis und Lernen, S. 61

ein Verhalten ohne Abwandlung nachgeahmt wird, beispielsweise weil sich der Nachahmende in einer gleichartigen Herausforderung konfrontiert sieht. Davon abzugrenzen ist das Nacheifern, die sogenannte "Emulation". Dabei werden Verhaltensweise zwar abgeschaut, dann aber auf eine veränderte Aufgabenstellung adaptiert. Beide Formen der Imitation haben ihre Berechtigung in der Evolution und sind so auch in der Natur zu beobachten.[30]

Den Unterschied zu diesen Formen bildet die scheinbare Imitation. Hinter diesem psychologischen Phänomen verbirgt sich die Tendenz, in einer Gruppe kongruente Verhaltensweisen zu zeigen. Dabei handelt es sich jedoch nicht um Nachahmung, sondern vielmehr um eine Ansteckung durch oder eine Anpassung an das Verhalten der Gruppe.[31] Eine solche Dynamik begründet sich aus dem Drang zum Überleben, da eine soziale Zurückweisung durch zu starke Abgrenzung von der Gruppe meist zu Nachteilen und oft zum Tod geführt hat. Die Menschen haben gelernt in Gruppen leichter zu überleben und weichen daher nur ungern von den informellen und formellen Normen dieser ab.

Das Lernen durch Imitation spielt eine große Rolle bei der menschlichen Entwicklung und Erziehung. Kinder schauen sich Verhaltensweisen von ihren Eltern, ihren Freunden und von selbst gewählten Vorbildern ab. So finden die drei oben unterschiedenen Formen der Nachahmung im Leben jedes Menschen ihre Anwendung und beeinflussen unseren Alltag. Selbstverständlich laufen diese Prozesse oft unbewusst ab und können nur selten unterbunden werden, da die Kongruenz mit einem Vorbild abhängig von den Erfahrungen und Werten des Individuums ist und in den wenigsten Fällen bewusst gewählt wird.

Doch die Erkenntnis über das Vorhandensein von Beobachtungslernen in jeder Form kann einen großen Nutzen für Unternehmen sein. Denn neben dem klinisch psychologischen Aspekt, nach dem das Modelllernen als Therapie des sozialen Lernens eingesetzt wird, profitieren Organisationen sehr stark von dem gezielten Einsatz von Modellen.

Denn da sich potentielle Nachahmende kognitiv mit dem Vorbild identifizieren müssen, können integre Mitarbeiter und Führungskräfte als eben diese dienen. Die Wahl des Modells hat, wie oben erklärt, den größten Einfluss auf den gewünschten Lernerfolg. Unternehmen können bereits bei der Personalauswahl darauf achten, dass Mitarbeiter mit Personalverantwortung den Anforderungen an ein Modell entsprechen und mit den

---

[30] Vgl. Jansen (2015). Gedächtnis und Lernen, S. 62 f.
[31] Vgl. Jansen (2015). Gedächtnis und Lernen, S. 64

Werten des Unternehmens sowie den gewünschten Eigenschaften der Nachahmenden übereinstimmen. Eine Führungskraft, die die meist im Leitbild rein abstrakt niedergeschriebenen Werte vorlebt, sorgt für prosoziale Effekte bei ihren Mitarbeitern, da diese versuchen werden, ihre Verhaltensweisen zu imitieren. Auf der Gegenseite kann ein Vorbild, das sich konträr zu den Vorgaben der Organisation verhält, einen antisozialen, gegenteiligen Effekt auslösen.

Wird die Bedeutung des Modell-Lernens im Unternehmenskontext auf gesamter Ebene berücksichtigt können Eigenschaften, Fähigkeiten und Kommunikationswege ausgebildet und verstärkt werden, ohne übermäßige Aufwände in Ausbildungen und Schulungen zu stecken.

Der praktische Anwendungsbereich des sozialen Lernens erfasst den gesamten Aufbau der Organisation schlägt aber vermutlich im Gesundheitsbereich am stärksten zu Buche. Die Kosten durch gesundheitsbedingte Abwesenheiten sind für Unternehmen ein sehr großer Faktor, den sie allerdings sehr gut beeinflussen können. Die Bedeutung von Gesundheit und Prävention im Arbeitsleben steigt jährlich und seit Arbeitnehmer ihren Arbeitgeber nicht mehr ausschließlich nach der Tätigkeit, sondern auch nach den arbeitsbegleitenden Umständen auswählen, gewinnen solche Organisationen, die die Prävention ihrer Mitarbeiter unterstützen, zunehmend an Attraktivität.[32] Gerade bei den Belastungen, die moderne Bürojobs mit sich bringen, wächst die Nachfrage nach Gesundheitsangeboten immens.[33] Organisationen sollten sich daher Gedanken machen, wie sie möglichst einfach umsetzbar und kostengünstig präventiv tätig werden können. Das Beobachtungslernen ist dabei nur einer von vielen Hebeln, die Unternehmen zur Erreichung solcher Ziele nutzen können.

Viele Unternehmen initiieren Gesundheitsförderungsprogramme, stellen Kampagnen auf und manifestieren Leitsätze in Gesundheitskonzepten, die dann jedoch nie umgesetzt beachtet oder gelesen werden. Die Nachfrage der Mitarbeiter nach Gesundheitsangeboten ist vorhanden, muss aber auch auf die richtige Weise bedient werden. Aufgrund der unbewussten kognitiven Prozesse, die sich bei jedem einzelnen Mitarbeiter abspielen, ist es notwendig ihn auf einer tieferen Ebene anzusprechen. Hierzu könnte man Gesundheitsrichtlinien aufstellen, die mit den jeweiligen Führungskräften abgestimmt werden, sodass diese die erwünschten Maßnahmen selbst nutzen und umsetzen. Es kann auch ein verantwortlicher Mitarbeiter benannt werden, der von sich aus bereits sehr aktiv und gesund lebt. In jedem Fall sollte dafür gesorgt werden, dass nicht nur theoretisch überlegt wird, welche Aktionen hilfreich wären,

[32] Vgl. u.a. Statistisches Bundesamt; Booz & Company (2011)
[33] Vgl. IW Köln, Consult GmbH (2011)

sondern dass auch die emotionalen und mentalen Reaktionen der Mitarbeiter berücksichtigt werden. Veränderungen stoßen immer auf einen gewissen Widerstand, den unbewusstes Modell-Lernen teilweise umgehen kann. Es geht darum, interne Lernprozesse bei den Mitarbeitern anzustoßen, um zu erzeugen, dass diese die Bedeutung der gesundheitlichen Präventionsmaßnahmen verstehen und für gut befinden.

Bei jeglichen Schulungen und Veranstaltungen muss darauf geachtet werden, dass die Durchführenden selbst vorleben, was sie den Zuhörern vermitteln wollen. Ein stimmiges Auftreten im Einklang mit den zu vermittelnden Inhalten ist die Grundvoraussetzungen und die größte Hürde zur Umsetzung. Sehen Mitarbeiter den Vortragenden und die Verantwortlichen als echte Vorbilder, und verstehen den Zusammenhang der Maßnahmen mit einer sich auf die Gesundheit positiv auswirkenden Konsequenz, ist die Akzeptanz erheblich höher. Im zweiten Schritt muss dann selbstverständlich auch dafür gesorgt werden, dass die gewünschten Verhaltensweisen auch tatsächlich umsetzbar sind, das heißt dass ausreichend Gesundheitsangebote vorhanden sind. Dafür genügt es übrigens, wenn Treppenaufgänge nicht – wie es oft der Fall ist – versteckt sind, während der Aufzug meist direkt im Eingang wartet. Die präventiven Gesundheitsmaßnahmen sollten leicht umsetzbar, frei zugänglich und hinsichtlich ihres Nutzens schlüssig sein. An dieser Stelle sollte sich abschließend auch noch überlegt werden, wie das Befolgen solcher Maßnahmen belohnt werden kann. Dies könnte über ein firmeninternes Anreizsystem erfolgen.

Ist die Durchführung wie hier beschrieben gewährleistet, werden die oben erklärten vier basalen Prozesse zur Aufmerksamkeit, zum Gedächtnis, zur motorischen Reproduktion sowie zu Anreizen und zur Motivation berücksichtigt und es ist den Mitarbeitern möglich, eine stabile Verhaltensänderung herbeizuführen. Auch wenn die kognitive Beteiligung dabei nicht in seiner vollständigen Komplexität erfasst wird, so kann eine Beschäftigung mit der Imitation als Form der Gesundheitsprävention den Grundstein für eine funktionierende Gesundheitsförderung in Organisationen sein.

4. Aufgabe 3: Die Unterscheidung von Kurz- und Langzeitgedächtnis

Das Gedächtnis umfasst alle Prozesse und Systeme, die für die Einspeicherung, die Aufbewahrung, den Abruf und die Anwendung von Informationen zuständig sind, sobald die Quelle der Information nicht mehr verfügbar ist.[34] Dabei können Lernen und Gedächtnis nur schwer voneinander getrennt betrachtet werden, beschreiben jedoch grundsätzlich verschiedene Dinge. Während es beim Lernen um das Ändern eines Verhaltens oder Verhaltenspotentiales aufgrund von Erfahrungen geht, umfasst das Gedächtnis die Speicherung eben dieser Erfahrungen zur späteren Nutzung und Bewertung neuer Stimuli. Die Gedächtnisinhalte sind also das Ergebnis vorangegangener Lernprozesse.[35]

Der gedankliche Prozess, den Informationen von der Außenwelt im Körper durchlaufen, umfasst verschiedene Stationen, auf denen der Reiz wahrgenommen, verarbeitet und dann abgespeichert oder gelöscht wird. Die zwei Hauptakteure bei diesem Ablauf sind, neben dem sensorischen Ultrakurzzeitgedächtnis zur Einordnung eines Reizes, das Kurz- und das Langzeitgedächtnis.

Abbildung 2: Ein Zeitstrahl zur Kategorisierung von Gedächtnisinhalten (Quelle: Gruber (2018), S. 2)

Wie auf dem Zeitstrahl zu sehen werden die Gedanken nach der Dauer seit der sensorischen Aufnahme des Reizes unterschieden. Allerdings werden die einzelnen Informationen – hier in Form von nonverbalen Sätzen – nicht bei der Verarbeitung direkt dem jeweiligen Gedächtnis zugeteilt, sondern durchlaufen jede der oben gezeigten Gedächtnisstationen von rechts nach links.

---

[34] Vgl. Gruber (2018), S. 2
[35] Vgl. Hoffmann/Engelkamp (2017), S. 2; Vgl. Jansen (2015). Lernen und Gedächtnis, S. 71

Doch die Unterscheidung der Gedächtnisse drängt die Frage auf, wozu die verschiedenen Schritte nötig sind und welche Bedeutung und Aufgabe jedes der Gedächtnisse besitzt.

Nachdem ein Umweltreiz von den Rezeptoren aufgenommen und über neuronale Impulse an das Gehirn weitergeleitet wurde wird die gewonnene Information im Ultrakurzzeitgedächtnis enkodiert und somit an das Kurzzeitgedächtnis übertragen. Dieses dient sozusagen als Kurzzeitspeicher, in welchem mehrere Informationen gleichzeitig durch Wiederholen festgehalten werden. Allerdings wird das Kurzzeitgedächtnis entgegen des Mehrspeichermodells von Atkinson und Shiffrin[36] als Arbeitsgedächtnis verstanden, das nicht nur der passiven Aufbewahrung von Informationen dient, sondern darüber hinaus auch Verbindung zwischen diesen herstellt, Zwischenlösungen prüft und so beim Entscheiden und Lösen von Problemen hilft.[37]

Es ergeht zudem eine Vorselektion der Inhalte, die tatsächlich für die Zukunft aufbewahrt werden soll. Wenn Informationen nur für eine bestimmte Zeit gemerkt werden sollen, wie etwa ein Zugangscode, der von einem Zettel abgelesen und dann in das Medium eingegeben werden soll, erreichen diese nicht das Langzeitgedächtnis, sondern werden einfach durch subvokales Wiederholen im Kurzzeitgedächtnis behalten und wieder abgerufen. Die Vorverarbeitung dient durch das Lenken der Aufmerksamkeit auf die bedeutsamen Informationen auch als Filter für die zahlreichen Reize der Außenwelt. Ohne eine vorgelagerte Enkodierung in das Kurzzeitgedächtnis kann also keine tiefere Verarbeitung in das Langzeitgedächtnis erfolgen, da dieses ohne die notwendige Aussortierung völlig überlastet wäre.

Selbiges gilt analog auch für den Abruf von Informationen. Ist ein Reiz von dem Kurz- in das Langezeitgedächtnis enkodiert worden, wird er dort in einer bestimmten Kategorie abgespeichert. Je nach Art des Reizes erfolgt hier eine semantische, visuelle, akustische, taktile, Geschmacks- oder Geruchscodierung.[38] In diesem Schritt wird die Information als Gedächtnisinhalt in ein Netz von Assoziationen eingebettet, um später darüber wieder abgerufen werden zu können.[39]

Das Abrufen kann dabei entweder als freie Reproduktion, das heißt selbstständig und ohne Hinweisreiz, als erleichterte Reproduktion, demnach mit Hinweisreiz, oder als

---

[36] Vgl. Atkinson/Shiffrin (1968)
[37] Vgl. Jansen (2015). Lernen und Gedächtnis, S. 88 f.
[38] Vgl. Jansen (2015). Lernen und Gedächtnis, S. 95 f.
[39] Vgl. Jansen (2015). Wahrnehmung, S. 9 ff.; Vgl. Becker-Craus/Wendt (2017), S. 31 ff. und S. 353; Vgl. Urhahne/Dresel (2019), S. 24 ff. und 87 ff.; Vgl. Boriss (2015), S. 65 ff.; Vgl. Jansen (2015). Lernen und Gedächtnis, S. 71 ff. und 113 ff.; Vgl. Gruber (2018), S. 3 ff.; Vgl. Strobach/Wendt (2019), S. 33 ff.

Wiedererkennen erfolgen. Letzteres meint die Identifikation bereits vorher einmal präsentierter Inhalte.[40]

Die beiden Gedächtnistypen haben also gemein, dass sie beide Informationen, die sie von den Nerven zugeleitet bekommen, enkodieren, aufbewahren und später wieder abrufen. Während das Kurzzeitgedächtnis beim Verarbeitungsprozess dem Langezeitgedächtnis nachgelagert ist, kommt es beim Abrufen zu einer Rückkopplung.[41]

Der ausschlaggebende Unterschied der beiden Parteien ist die Verarbeitungstiefe. Das Kurzzeitgedächtnis führt eher eine oberflächliche Verarbeitung durch, wobei die Wahrscheinlichkeit, dass die Information das Langzeitgedächtnis erreicht, maßgeblich davon abhängt, wie lange sie im Kurzzeitspeicher verweilt. Aufgrund der langfristigen und verlässlichen Speicherung im Langzeitgedächtnis ist hier die Verarbeitung wesentlich tiefer und an mehr Assoziationen, wie die Emotion, den Ort, den Kontext oder andere Umweltreize gekoppelt.[42]

Beide Enkodierungen sind unentbehrliche Schritte, um nachhaltiges Lernen zu ermöglichen. Aus diesem Grund sollten Organisationen, die eine stabile Verhaltensänderung bei ihren Mitarbeitern erreichen wollen, unbedingt auf die fehlerfreie Verarbeitung in das Langzeitgedächtnis achten. Dazu zählt, dass Inhalte offenkundig, verständlich und nachvollziehbar präsentiert werden. Jeder Mitarbeiter muss die Möglichkeit haben, den Umfang an Betreuung und Unterstützung beim Lernen zu erhalten, den er benötigt, um sich die Inhalte langfristig und zuverlässig zu merken. Es hilft, den Lernenden Assoziationen oder Schlüsselwörter zu bieten, um die Informationen richtig zu verknüpfen. Hierzu können diverse Lern- und Merktechniken verwendet werden. In jedem Fall sollte ein fachlich und lerntheoretisch ausgebildeter Betreuer dafür sorgen, dass bei der Vermittlung und der Verarbeitung der Lerninhalte keine unnötigen Fehler begangen werden. Für das länger- oder zumindest mittelfristige Behalten sollten die abgespeicherten Inhalte dann mehrmals und in regelmäßigen, immer größer werdenden Intervallen wiederholt und eigenständig wiedergegeben werden. Da dieser Prozess zwar sehr zuverlässig, aber auch aufwändig ist, muss im Voraus die Motivation der Beteiligten geklärt und gefördert werden. Ein funktionierendes Schulungssystem ist in erfolgreichen Unternehmen daher oft mit einem Anreiz- und Belohnungssystem verbunden.[43]

---

[40] Vgl. Jansen (2015). Lernen und Gedächtnis, S. 96; Vgl. Gruber (2018), S. 6 ff.

[41] Vgl. Schulter (1973), S. 178 ff. Und 198

[42] u.a. Vgl. Jansen (2015). Lernen und Gedächtnis, S. 87

[43] Vgl. Jansen (2015). Gedächtnis und Lernen, S. 83 f.; Vgl. Becker-Craus/Wendt (2017), S. 399 ff.; Vgl. Bak (2019), S. 26 f.

Literaturverzeichnis

Atkinson, Richard und Shiffrin, Richard (1968). *Human memory: A proposed system and ist control processes*. Stanford.

Bak, Peter Michael (2019). *Lernen, Motivation und Emotion – Allgemeine Psychologie II – das Wichtigste prägnant und anwendungsorientiert*. Köln: Hochschule Fresenius.

Becker-Carus, Christian und Wendt, Mike (2017). *Allgemeine Psychologie – Eine Einführung* (2. Auflage). Universität Münster.

Darwin, Charles (1876). *Über die Entstehung der Arten durch natürliche Zuchtwahl* (6. Auflage), übersetzt von Carus J. Victor. Stuttgart.

Esters, Olaf (2018). *Kompaktkurs Verkaufen im B2B – Das 12-Wochen-Training für Neu- und Quereinsteiger im technischen Vertrieb*. Essen.

Gruber, Thomas (2018). *Gedächtnis* (2. Auflage). Universität Osnabrück.

Hoffmann, Joachim und Engelkamp, Johannes (2017). *Lern- und Gedächtnispsychologie* (2. Auflage). Berlin/Saarbrücken.

IW Köln, Consult GmbH (2011). *Setzt Ihr Arbeitgeber folgende Maßnahmen ein?* aus dem IW Arbeitnehmervotum März 2011, Seite 18. Zugriff am 24.02.2021, Verfügbar unter https://de.statista.com/statistik/daten/studie/183495/umfrage/verbreitung-von-massnahmen-zur-erhoehung-der-attraktivitaet-von-unternehmen/

Prof. Dr. Jansen, Lars (2015). Studienbrief *Wahrnehmung* (1. Auflage). Riedlingen: SRH Hochschule.

Prof. Dr. Jansen, Lars (2015). Studienbrief *Lernen und Gedächtnis* (1. Auflage). Riedlingen: SRH Hochschule.

Statistisches Bundesamt; Booz & Company (2011). *Kosten für Unternehmen aufgrund von Krankheiten im Vergleich zu den Gesundheitsausgaben in Deutschland im Jahr 2009* aus Vorteil Vorsorge, Seite 8. Zugriff am 24.02.2021, Verfügbar unter https://de.statista.com/statistik/daten/studie/191752/umfrage/unternehmenskosten-durch-krankheit-im-vergleich-zu-gesundheitsausgaben/

Strobach, Tilo und Wendt, Mike (2019). *Allgemeine Psychologie – Ein Überblick für Psychologiestudierende und –interessierte*. Medical School Hamburg.

Urhahne, Detlef und Dresel, Markus (2019). *Psychologie für den Lehrberuf*. Universität Passau.

Boriss, Karin (2015). *Lernen und Bewegung im Kontext der individuellen Förderung - Förderung exekutiver Funktionen in der Sekundarstufe I.* Universität Münster.

Schulter, Günter (1973). *Zur Bedeutung von kurzzeitigen Gedächtnisleistungen für das langzeitige Behalten.* Universität Graz.

Wong Yan (2014). Priming. Zugriff am 22.02.2021, Verfügbar unter https://mentalist260.wixsite.com/mentalism/priming

BEI GRIN MACHT SICH IHR WISSEN BEZAHLT

- Wir veröffentlichen Ihre Hausarbeit,
  Bachelor- und Masterarbeit

- Ihr eigenes eBook und Buch -
  weltweit in allen wichtigen Shops

- Verdienen Sie an jedem Verkauf

Jetzt bei www.GRIN.com hochladen und kostenlos publizieren